AF599744

KAIRÓS

Agustín Jimeno Santiago

Aliarediciones

Corrección: Eladia Guerrero
Diseño de cubierta: Pablo Arellano
Maquetación: Aliar Ediciones

Depósito Legal: GR 83-2026
ISBN: 979-13-88058-51-6

Impreso en España

Edita
ALIAR Ediciones
www.aliarediciones.es
info@aliarediciones.es

KAIRÓS

Agustín Jimeno Santiago

Dedico este poemario
a doña Araceli Santiago Castrejón,
mi madre.

EL MOMENTO OPORTUNO SOLO TIENE QUE VENIR

Para los antiguos griegos, Cronos es el tiempo cronológico, es lineal. Es el tiempo que pasa y se va consumiendo, como las horas de los días. Kairós es el tiempo en el que algo importante sucede. Su significado literal es «momento adecuado u oportuno», el momento indeterminado donde las cosas especiales suceden.

A los que amamos les pedimos que vengan, que se queden para siempre a nuestro lado y que no nos abandonen. Ojalá fuera así. Ojalá que el tiempo se midiera solo en caricias, besos y abrazos, pero en esta vida aprendemos que más tarde o más temprano llegan épocas de llanto, sufrimiento y penuria.

A menudo, para sobrevivir, nos enfrentamos a víboras en este devenir y otras tantas veces tenemos que luchar contra nosotros mismos como niños enfermizos. Por desgracia, no es inhabitual que las pesadillas se conviertan en realidad y caigamos en el desánimo; y que otras, las menos, cumplamos algún pequeño sueño que justifique nuestra existencia.

Cuántas veces, si tuviéramos que buscar una calificación para nuestro paso por este mundo, no sabríamos si optar entre maravillosamente jodido o jodidamente maravilloso.

Por los besos que nos dimos y por los que vendrán, desde aquel momento, cada uno el suyo. Por el tiempo medido en besos y por los poemas que lo cuentan.

Efectivamente y sí.

CTPAS TCAB

VIAJES COMPLICADOS

No sé si hablar.
Vino a recibirme
con los brazos abiertos
y la mirada encontrada.

Deseo contarle
incluso con palabras,
pero es asfixiante.
Lo inhóspito, el vacío.

Suelo escribir
cartas que no envío,
junto con regalos
que guardo para el momento propicio.

Puede que algún día
encuentre la ocasión
o tal vez le entregue
ese boceto que dibujé
con trazos temblorosos.

Superado el apuro no deberé ausentarme,
para dedicarme a cuidar
ese frasquito de esencia de lavanda
antes de que se eche a perder,
si no lo ha hecho ya.

No es natural.
Es real.

ALGO

En tu inconmensurable afán
de dejarme atrás
en un sendero sin retorno,
caí en el pozo de la ciencia de tu ser,
del porqué de tu sin rastro.

Ojeé otras páginas
en otro libro de otro autor.
Pasé el dedo y mojé
para descubrir la antigua sabiduría
del nacimiento del fervor.

Ahora me dirijo al desagüe del que caen
las lágrimas de derrota impura
del fracaso latente
del fiasco inherente
a tu forma de ser.

ALLÁ EN LA TIERRA

Era una noche de sábado de diciembre.
Le atormentaba su recuerdo hospedado en el alma,
pero debía contener sus emociones.

Era el precio de ser dueño de su propio albedrío,
de coger el timón.
Por la ventanilla, si se inclinaba lo suficiente,
se podía ver Orión.

FUE JUSTO
antes de dar las doce, antes de las doce,
cuando la nave viró
180 grados y se resintió.

Aún quedaba mucho por llegar.

ÁSPID

Volaba por los mares
y corría por los cielos,
tal era su poder.
Mezquina serpiente
que me persigue.

A veces quisiera escaparme,
otras hacerle frente,
pero para serte sincero
de estas últimas las menos,
de las primeras más.

En mis sueños más optimistas
tras la lucha
logro partirla en dos,
mas llegado el momento
TEMO
que de esas dos mitades
nazcan otras DOS,
y de esas dos
otras tantas,
y así me encuentre
rodeado de víboras
sinuosas, sigilosas, serpientes
con sed de sangre.

La mía.

ATAQUE FRONTAL

No quiero que sufran ellos,
yo tampoco quiero sufrir,
así que perdónenme si quiero ser libre,
vivir en libertad, no demasiado, pero algo sí.

No creo que sea tanto pedir
no tener que rogar para poder vivir,
o al menos permanecer, pero en libertad.

No me refiero al sustento,
ni siquiera al alimento,
tan solo reclamo decidir mis movimientos.
De acá para allá
y vuelta a empezar o no.

Miro mi estela
y distingo los renglones torcidos de Dios de los míos,
porque los propios
míos son,
y a mi antojo puedo decir de qué tipo son.

Mi error es solo mío
y a la desgana del desafiante ataque
se la responde de frente.

Enfrente.

ATOLLADERO

Me torturaron hasta la muerte.
Sufrí lo esperable.
Padecí lo indecible.

Preguntaba sin cesar atropellado
por los acontecimientos.
Preguntaba por qué,
qué dije, qué hice, qué pensé, qué miré.

No obtuve respuesta, no la esperaba.
Así pues, morí.
Ya cadáver, ¿para qué levantarme?

CAMBIOS

Parece que va a llover, pensó mientras paseaba la mirada en busca de un inexistente claro en el firmamento.

Parece que va a llover y yo sin paraguas —masculló—, tal vez me quede aquí cobijado a esperar a que escampe. Aquel pensamiento le tranquilizó durante un fugaz instante, porque luego su inquieta mente le recordó la posibilidad de haberse dejado la luz encendida, o quizá la lumbre, o abierta la portezuela de la nevera. Su angustia creció cuando se percató de que precisamente aquel día, aquella mañana, a las diez, era cuando el técnico de la caldera de gas iba a acudir a realizar la inspección del aparato. Intentó calmarse. Todas aquellas situaciones de ser ciertas no eran más que percances que tenían solución. Molestias, al fin y al cabo.

Sin embargo, su precaria alma se quebró al ser consciente —ahora sí— de que aquel mediodía era el de la visita al urólogo que tanto tiempo le había costado conseguir. Meses de espera en balde —sollozó—, maldita sea mi suerte.

Su único consuelo, que la lluvia era beneficiosa para los regadíos y los campos, y en particular para su pequeño huerto, donde crecían sus cultivos de hortalizas, frutas y cáñamo. Tenía pensado destinar las ganancias al ahorro para la compra de una bonita casa familiar, y no malgastarlo en alcohol y juegos de azar como en anteriores ocasiones.

Se aproximó a la barra y pidió otra copa de vino.

La luz del sol atenazada entraba por la ventana.

CAUTIVO

Me pongo en mi lugar y creo que no acierto.
Lo intento comprender, pero todo falla.

La ocasión perdida es la oportunidad que no tuve
de haber dicho lo que sentía.

Si lo hubiera sabido no lo habría dudado, pero
ahora qué más da.

Los bolsillos llenos de piedras no me dejan avanzar.
Si pudiera recordar por poco que fuera lo que se siente
cuando apenas no eres nada.

La ternura de sus brazos, la suavidad del roce y luego...
ese apretón de amor que te deja indefenso.

ENGATUSADO

Esperé tumbado sus halagos vacíos.
Era lo propio de la vuelta, del perdón de los malditos.

INQUIRÍ al cielo despejado descubriendo la RADA,
la calma previa, la calma chicha.

Oteando el horizonte un par de urracas, tal vez más,
          bailaban al compás.

La quietud me rodeada y mis pensamientos se oscurecían.
Si me equivoqué o no, el tiempo lo dijo, pero no recuerdo si lo dirá.

La respuesta necesita preguntas concretas,
como al mar sin oleaje.
YO ya no pido zalemas.

DESCARO

El descaro de los amantes silentes
atraviesa la ciudad de los vivos.

Las apariencias se deforman
congelando las aceras y
derritiendo los caminos.

De mirada en mirada
la noticia corre y vuela.

Qué me importa a mí
si ya estoy de viaje.

Saco pecho sin aliento y
grito para adentro desde afuera.

ESENCIAS

Entre sillas, mesa de roble llano.
Un cuerpo le pide a otro amor
sin que se altere su propio rubor.
Presto con pasión el hombre cano.

Recorrió la ruta de Samarcanda,
donde las tres magníficas madrasas,
que si ante su seco lecho pasas
recuerdan con gran olor a lavanda.

La ocasión de lado pasa cerca.
No seas cobarde, audaz marinero,
solo has de saltar la verja.

Otórgame dos horas de ventaja y
del reflejo pueril que quisiste ver
del monte llano, desliz de mortaja.

FLOJA

Si mi nombre no es el suyo,
¿por qué me llamas a mí?

Si tu sentir no es para mí,
¿por qué razón vienes aquí?

A la vera de la sombra de tu ser
no atisbo mi porvenir.

Por todo ello apelo al pesar mío,
que no partiré contigo. Que
tan solo compartiré lo que es
padecer el vacío.

LIBERACIÓN

¡SAL DE AQUÍ!
Nadie te invitó.
¡¿A qué esperas!? ¡Largo!, ¡fuera!

Pégame otra vez
hasta quedarte a gusto.

Estoy ya agotada de sangrar.
Maldito porvenir, ¿cuándo llegarás?

Léelo en voz alta y responde:
¿Qué es lo que ves?

¡Libérate!, tienes una voz diferente.

ORIGEN

Provengo del Edén perdido de los recuerdos,
donde solo yo
resido, esperando sin remedio
noticias de un amor perdido
que no volverá.

Provengo de la simbiosis de las emociones tristes
que abrazan la foto del instante mentiroso teñido
por el presente engañoso que quiere creer
que puede alcanzar
las escarpadas laderas de un futuro feliz.

Insuflado por ilusiones de reemplazo,
provengo del páramo sentimental donde
solo llueve barro que no moja, y ruego que
vengo a echar raíces. Ahora que se han ido,
ya me puedo marchar.

Interesadamente tuyo.

INTER PARES

Tengo las caderas rotas
de esquivar los certeros golpes de la
empresa del dolor.

El destino y el azar me
han querido obsequiar
otra oportunidad y el miedo me zarandea
hasta perturbar mis sentidos.
Baja visión, escucha activa, sandez altiva.

La decisión pasa y rasga como
estilete que se hunde adentro de mí.

Las tres reinas me dieron por advertido.

Vete a saber.

PATALETAS DEL DESTINO

¡Qué dislate, qué horror!

¿Cómo vamos a reconciliarnos
si nunca nos hemos querido?

¿Cómo vamos a sentirlo
si nunca lo hemos sufrido?

¿Para qué pelear
por esta pataleta del destino
si dejarse llevar
conduce indefectiblemente
a la más ruin felicidad?

¡Qué dislate, qué horror!

PELEA

No discutas con él,
tienes las de perder.

El camino que llega a mí
tú lo has de recorrer,
porque yo me quedo aquí.

He sufrido tanto
que solo deseo una muerte.

Viene,
se acerca y
me dice
que no le apetece bailar.

QUIETUDES

A la sombra del baobab discierno
que no tengo ninguna respuesta
a todas las grandes preguntas.

Que ni siquiera distingo
de qué preguntas me hablas.

¿Cuántas caras tiene una moneda
que gira sobre sí misma?

He agitado los cascabeles
con la intención de llamar al viento,
pero lo único que he logrado
ha sido un silencio que jamás podrás escuchar.

Súbitamente me molestan con otras cuestiones
que no me dejan concentrarme
en lo que de verdad importa.

INFORTUNIO

Como cada domingo,
ya estoy en casa.

Nadie me espera, nadie se desvela por mí,
pero cuando llego
el desasosiego inunda todas las habitaciones hasta el último rincón.

Soy la pata que le falta a la silla,
el mango del cuchillo que corta,
el ojito derecho del sumo creador.

Soy pues, necesario e inevitable.
Estoy fuera de este mundo y abraso como aceite hirviendo.
La desventura.

TRES

Vienen a verme morir
de todas partes.
Descanse en paz, dirán.
Demasiado tarde, las tres,
fueron las tres.
Demasiado tarde, nos conformamos
con verte sufrir a lomos del caballo
desnudo de la hipocresía.

VIDRIOS

No estaba seguro de si aquellos ojos que le miraban...
Si su mirar...
Era de amor o de odio.
Brillaban tintineantes.
Re-volvió la foto al cajón,
para otro momento,
el que eligiera
para volver a llorar.

VOLAR

El escalador escala para llegar a la cima,
sorteando riesgos.

Todos estos años se ha venido preparando para
llegado el momento evitar otros peligros,
aprendiendo a cada instante.

Cada ínsula de su cuerpo
es recuerdo de un esfuerzo.
¡Prométeme
que si te salvo la vida
no acudirás!

SANTA

A ti me entrego
con la intensidad de un huracán.
A ti me encomiendo
como tributo a tu rubor.

Sin temor alguno, yo
a ti me reservo.
Es tiempo de siembra,
de idilios imposibles y
de lágrimas secas.

No necesito mucho para ser feliz,
pero apenas nada
para ser desgraciado.

(A) SOLES CONTIGO

Como madalenas al sol
eran la una o las dos.

¿Qué quieres decir? —preguntó ella.
Respondió él: Como madalenas al sol que
se ablandan o endurecen.

¿Cuál de las dos eran la una o las dos?
Quiero expresar que de la risa al llanto
no te pido un adelanto.

Hay que dar un paso atrás,
como madalenas al sol,
qué más da, si nunca debieron salir
como madalenas al sol.

SOLIASIS

Descubrí su nombre entre las páginas de un poema imposible.
Fascinado como estaba seguí leyendo hasta conocerla.
Estaba oculta, impenetrable a simple vista.
Escribí lo que quería oír.
Esculpí sobre su piel
la palabra maldita de la sed;
después la toqué
e incluso llegué a observarla,
pero se dio la vuelta
tan enojada como perpleja.

Me consideró mediocre y no supe qué hacer.
Más que tarde, no era el momento,
así que la dejé marchar, aunque nunca estuvo allí.

ZOZOBRA

Le entregó en mano el recuerdo oxidado de su pasión.

Recorrió los pasos de la distancia del rencor y
se sentó a esperar
en la instantánea del ayer al fondo a la derecha,
en el margen
a contraluz, pegado a ella.

En todo momento
saliendo de la abertura por fin obturada,
al elegir el tamaño se descubre la esencia
particularmente almizclada.

Allí estaba Ismael; dijo llamarse así.
Cama, colcha y colchón.
Partimos lo que compartimos.
Para destruirlo.
Nada más.
Y lograron los ansiados diecisiete.
Nada más.

20.000

Y nos cansamos de contar, cantar y soñar.
El vericueto del sendero se estrecha,
la ilusión perdida vuela alto porque
nadie llama al que no recibe,
al espartano eremita.

A la escuela cerrada no va el profesor.
No hay lecciones que dar.
Nada que aprender.
La filosofía espantada por la religión
deja paso a la sinrazón
y nos alegramos de soplar, silbar y sorber.

30.000

¿Qué es más fácil?
Reconocer el error o
mirarse frente al espejo,
mentirse a uno mismo
y contar las veces
que no volverá a pasar.

Destapar la botella de vino tinto,
beber y beber
hasta olvidar el reflejo sinuoso que te recuerda
incesante
que eres tú y solo tú
el responsable de tu desdicha.
De la de otros
también.

La culpa se filtra por la rendija de la indiferencia
y deja secuelas como surcos
por donde discurre la memoria de la venganza y
el rencor del reproche anodino.

Mejor olvidar, mejor no mirar para no saber.

KUHAI

No es ningún secreto
que te comería a besos.
El secreto está en las ganas.

ORACIÓN

Por la mañana he hablado con la máxima autoridad de mi alma.
Me ha contado secretos inconfesables.
Secretos que ahora son suyos.
Me ha pedido que no los cuente,
que los escuche, y aprenda de ellos,
que no los oculte sin antes tomar buena nota de todos ellos.

También me ha rogado que sea compasivo,
que no me ensañe conmigo mismo,
pero además me ha advertido
que no crea que la experiencia de lo sufrido
me otorga el saber por sí misma.

Que hay que dar un paso más,
y, ante todo, estar preparado para que lo que venga.
Sea lo que sea
no derrumbes la esperanza de crear nuevas ilusiones.

ASESINO

Acercándose un poquito más al borde del barranco
donde se esconde la esperanza humana
sintió miedo por primera vez en su vida.

Había llegado demasiado lejos para parar;
la apuesta era alta,
pero no podía permitir que se saliera con la suya.

Alzó la mano que corona el brazo
y con un movimiento ágil e impetuoso
agitó vivaz y violentamente el atizador.

Ahora la muerte
con toda su crudeza
se postraba ante sus pies.

Por fin era libre
y aquella maldita avispa no volvería a importunarle.

Se acurrucó entre las sábanas.

IMPOSTURA

Del miedo a la ignorancia
surgió el rubor del atrevimiento.

De esa mirada profunda
sostenida en el tiempo
y fijada en el espacio,
un toque en un lado
y una caricia en el otro
cedente de perdones
le ocasionaran sinsabores,
pues la apuesta del más fuerte
le convierte en el más frágil.

ILUSIÓN

Los secretos del mago
se guardan con pericia y sigilo.

Su fuente de inspiración
le rodea en su taller de imaginación.

Es su única forma de vida
el más placentero de sus sacrificios.

El trofeo que no se puede alzar
adormece en el rincón de la ocasión complacida.

Un hilo invisible sobresale
delante de todo el mundo.

Ni suena ni se intuye,
cuando ya no te lo esperas
cose las mangas de tu camisa azul.

El pago que espera es deshacerse del lacayo,
mientras espera de soslayo
su reflejo en el espejo.
Maldito brujo de cuatro al tercio
en roja inmersión.

No es ilusionista, es un *clown* percusionista.

INTRIGADOS

A vueltas con el desánimo
agradecí tu mensaje.

Tal vez si pidiera menos
conseguiría lo necesario.

¡Qué infortunio!

Quizá si no esperase nada
nada me frustraría, ni siquiera una fruslería.

Tal vez y solo quizá
ese impostor que me encubre
no diera el paso que lleva al hogar del león.

DEUDA

Veinticinco sobres negros
se han perdido en el arcón.

Vuelta y revuelta de polvo
no se encuentran en el rincón.

Rebusco y no aparecen.
Cierro y abro, ventilo y respiro
veinticinco cartas vacías que rondan en mi corazón.

De la lista que enviaste
la petición más severa.
La que duele, la que hiere.
Una llamada en espera resuena al otro lado del portal.
Veinticinco sobres negros y vacíos,
que me los cobren a mí.

Entre dos,
un largo pasillo de puertas rojas.

SOLOS EN LA CLARIDAD

Pieles de color anaranjado, pieles negruzcas
curtidas por el sol de todos los días
en colchones a la intemperie.

Construcciones bajo puentes de autopistas con esmero
diseñadas,
adormiladas en bancos de todo tipo,
en mitad de amplias aceras de largas avenidas,
molestando con su hedor al decente ciudadano
con mensajes torpes e iletrados.

Siempre pidiendo, camuflados con bufandas desgarradas.

Nauseabunda realidad difícil de ocultar.
Acompañados de chuchos y pulgas,
bebiendo su propio orín,
desentonando a plena luz
camuflados por la noche.

Eternamente presentes en la ausencia de nuestra humanidad,
desnuda de ética.

A un mal paso de ti.

TRANCE

Dejó que las lágrimas cayeran.
Surcaron su rostro
hasta secarse con su suave piel.

¿Por qué apartarlas?
¡Que corran, que caigan!

Dejó de mirar a su lado.
Viraron de pronto,
tanto que retrocedieron hasta nunca.

Lo que se perdió en su refugio
fue la desesperación de su consuelo.
Saber que era el fin.

Que la ilusión no era.

Que nada,
nada,
lo era TODO.

Su recuerdo apacigua el dolor.
Sus hijos sonrientes ahora dolientes
sentados con él acariciando la mano que se escurre al relajo
del último letargo.

PRETERINTENCIONALIDAD

Quería acostumbrarme
a un apacible retiro.

Un lugar en el espacio inerte.

Yermo.

La piel de mi organismo
no me protege del calor de las estrellas.

«SOMBRARERO»

Tengo el poder del control de la luz:
reflejos y sombras,
perfiles y frontales.

Soy el dueño del artefacto
que altera la perspectiva.

Siendo que es pura ilusión
una verdad ficticia no lo es menos si no hay más.

Juego con la paleta,
convierto lo gris en tristeza
y el verde cobarde en esperanza.

Ya no pestañeo como antes.
Puedo abrir y cerrar a gran velocidad,
atraparte o dejarte ESCUPIR
y dejar al descubierto tu desnudo haz.

TODO

Para decirte que no vas a morir vale cualquiera.
Se te ve en los ojos que no has dormido bien.

Tengo una triste noticia para ti.
Nada cambiará si no te acercas.

El olor a lluvia delata al charco pisoteado,
reflejo insondable de tu fracaso vital.
Hacerle frente y luchar.

Una pelea perdida es el éxito de una batalla,
porque hacer algo es mejor que no hacer.

El poder de la derrota
símbolo de la lucha
contra uno mismo.

Cabeza contra mente.
El músculo se tensa por donde pasa
atendiendo al foco,
a la claridad que reciben nuestros ojos sin lentes.

NO SON LOS SURCOS

Un pensamiento me cautiva
como la luz al pintor.
¿Cuándo muere el poeta?
¿Cuándo deja de crear?
Al cesar de respirar o
de otra manera dicho
¿puede un poeta vivir cuando deja de existir?

Conocí a un poeta ciego
que dejó de escribir
porque no podía imaginar
cómo se puede caminar
sin la ayuda de un bastón.
Conmovido le indiqué
el motivo de aquella distorsión.

Alzó la cabeza y respondió
que el cauce no hace al río.
Que son los navíos
los que cargan el agua
y la conducen al mar.

Que no son los surcos.

UNA NUEVA ESPERANZA

Tras una tortuosa vigilia
entre sueños me llegó la noticia:

¡La poesía ha muerto!

Incrédulo y azorado
salí a la calle en su busca.
La ciudad desierta de compasión,
los océanos vacíos de vida,
los gritos ausentes de los colegios.
Regresé a mi hogar,
cerré puertas y ventanas. Entonces
esperé.

Esperé dormido a la nueva era.
El noticiario me avisó.
En aquel nuevo sol,
ni uno más ni uno menos,
ocho mil millones de almas,
ocho mil millones de poetas.

Vaya tontería.

PIEDRA QUEMADA

Grabado en piedra
han descubierto un concepto,
una palabra olvidada,
un hallazgo reciente.

La importancia del misterio
ha sorprendido a la ciencia
por la antigüedad de la lengua,
por vislumbrar esa fuente.

El filósofo empero
lo que se pregunta,
lo que le inquieta es
que más de dos mil años después
siga la piedra viva.

PREGUNTAS Y RESPUESTAS

Corría con los cordones desatados.

La cuestión no era si se caería o no,
sino CUÁNDO.

Si se lastimaría o no,
sino CUÁNTO.

Si se levantaría o no,
sino POR QUÉ.

Preguntaba de manera descarada.

La cuestión no era si se le atendería o no,
sino CUÁNDO.
Si le disgustaría la respuesta o no,
sino CUÁNTO.
Si se conformaría o no,
sino POR QUÉ.

COSTUMBRES

Tengo por costumbre despedirme de los viejos amigos,
entonar canciones olvidadas
y beber hasta no parar de reír.

Me inadapté a este mundo nada más llegar;
con el primer rayo de luz otoñal.

Anoche recorrí la habitación de los errores forzados por el miedo
y me arrojé en brazos de la culpa imperdonable.

He caminado por atmósferas explosivas
y sorteado amores arraigados en el desinterés más entregado
para llegar al propósito de mi proyecto vital.
Una vida sin final, inmor(t)al e infinita.

¡No correré!
Será el tiempo el que se detenga a mi paso.

TERRENOS ARCILLOSOS

Me importa poco lo que hagas con tu vida
cuando ME encuentro rodeada de casas torcidas,
reunidas y agrupadas en calles torcidas
en cuyo interior residen personas torcidas,
que sonríen con gesto anodino y torcido
y piensan pensamientos retorcidos
en torno a plazas inclinadas, en cornisas repisadas.

Me importa, pues, bien poco lo que hagas con tu vida
cuando la misma existencia se encuentra en peligro.

PASARÁ

Me enamoré de un mortal
que desafiaba las normas de la vida.
Anhelante del riesgo
me dejé cautivar por el encanto de lo efímero,
la belleza de lo transitable,
la inquietud en la seguridad de la duda.
Un ser complejo al mismo tiempo sencillo
si sabes encontrar el tono,
la luz adecuada y el enfoque preciso.
¿Pueden ser el verso y el reverso
caras de una misma moneda?
¿Pueden dos objetos colisionar sin con-secuencias?
Eventualmente y no.

RESACA

Hoy he bebido hasta perder el sentido.
Mañana cuando me despierte
rodeado de mis propios vómitos
y sobre mis excrementos
me tambalearé, alcanzaré el espejo central
más cercano, más a mano,
y escupiré a mi reflejo borroso al trasluz.
Descubriré lo esencialmente despreciable que fui,
y adornaré compasivo mi rostro
mientras acaricio mi piel,
despojo de lo que en otro tiempo fui.

Puede que no lo consiga hoy, ni mañana, pero
la persistencia en la agonía
y el propio hartazgo
me regalarán, sin duda alguna,
un día sin claridad
y yacer por fin.

Gozaré del camino que conduzca
hasta el plátano de sombra.

PAREIDOLIA

Hoy he contado mendigos por las calles de la ciudad.
Unos pidiendo dinero y caridad, otros rogando consuelo.
He parado de contar al llegar a diez.
Mañana contaré tullidos e invidentes
con el mismo resultado que hoy.
Pasado mañana contaría viudas de cariño, almas solitarias
que sonríen por fuera, y nada cambiaría.
Demasiada tristeza para tan poco tabaco.
Este año ningún dios se presenta a las elecciones.

VOLVAMOS A LOS VIVOS

A los sentimientos vivos,
a los pormenores con importancia,
a la esencia del todo,
a lo que realmente es.

Un banco bajo un anciano de mirada encontradiza.
Un murmullo que camina en soledad, sobre el clamor,
            en un conversatorio perdido.
Una abeja encerrada en lentes de cristal fermoso que transforma
los ojos llorosos en formas vidriosas.

Algo es algo, dijo el ciego al andar.
¿Cómo deshacerte de los escorpiones?
El amor explicado por el bosón de Higgs.
Volvamos a lo mortal, a lo vulnerable.
Al punto.

PARADOGMAS Y SENTENCIAS

Pesadillas recurrentes con la muerte en los talones.
La sensación que dejan las gafas no puestas.
Nostalgia del futuro para cuando ya no estés.
Salir a deshoras a por tabaco, aunque ya no fume.
Echar en falta, tirar de menos o de más.
Si te quedas en un lugar el tiempo suficiente encuentras lo
que buscas.
Si ya has leído lo suficiente para qué leer nada nuevo si todo vuelve.
Los fumadores están tristes.
Los alcohólicos están igualmente tristes.
Nadie espera si no tiene prisa.
Buscar el bolígrafo que está en el bolsillo de la camisa al mismo tiempo que buscas desesperadamente las gafas que llevas puestas en la cabeza.

PREFIERO

Los ladridos de un perro impaciente interrumpen la maravillosa idea que entretejía mi mente.
Tan solo por esa razón prefiero los gatos.
Quizá te observen demasiado, pero te dejan tranquilo.
Tal vez piensen mal de ti, pero te dejan en paz.
Los escorpiones sin embargo no son de este mundo, mejor no hablar de ellos. Ni bien ni mal.

CANCIÓN DE CUNA

La poesía habla del poema que cuenta la composición
que canta el poeta si relata lo que el verso no esconde.
El verso bebe libre de las fuentes de poetas que fueron
y vuelven a respirar.
Sobrevivientes del sueño largo los llaman.
Pero el soneto, ¡sí, el soneto!, navega errante por la rutina de tus venas, para que lo vayas pasando, con el boca a boca, con el beso a beso, para que lo vayas y lo traigas, y una vez mecido, de adormecido, soñará contigo.

LIBERAD A LOS PRESOS

A los presos del alma.
Liberadlos.
A los presos del velo de la modernidad.
Liberadlos.
A los esclavos de la tierra y el agua.
Dejadlos ir.
Si los hombres supieran hablar serían mujeres.

¿QUÉ PODER TIENE UN POETA?

¿Que si un poeta escritor nace o se hace?
Un escritor nace porque tiene que nacer, y como
es consciente de que es persona se hace poeta.

Un poeta siente cómo el reloj mueve la manecilla que da la hora
a cada lamento.
Un poeta observa la grieta que se ensancha para dar cobijo
al caído que renace de la herida.
Un escritor nace para hacerse poeta, ¿por qué si no?,
si ese es su sino.

Para qué procrear sin poesía.
Para qué llorar por los desconocidos.
Mi mejor poema se lo regalé al viento.

LA ÚLTIMA PARTE DEL CAMINO

En la calle de los espinos la lluvia ha venido sin zapatos.
El cristal en la ventana refleja sol y escupe barro.
El aroma de café inunda la sombra del desánimo.
Los besos que cuentan los milaneses a escondidas no provocan
un solo chasquido.
Leo y releo tus cartas antes de convertirlas en cenizas.
El café ya está frío.

LA MEDITACIÓN DE LA MONTAÑA

Entra la luz de la mañana que se asoma entre los riscos de la sierra
y el montañero veterano decidido comienza la marcha.
No importa nada, no importa llegar lejos ni subir a lo más alto.
Tan solo anhela tocar las nubes que acarician las lomas,
el marchar alegre disfrutando de cada mirada,
el pisar efectivo cuando alterna verde y barro.
Los rebaños le rodean, los sarrios le vigilan.
Entre los peñascos altos y escarpados atraviesan los rayos luminosos
de la ruta de los contrabandistas; quedan menos, pero quedan.

La senda no tiene camino y discurre indiferente, como desorientada.
La niebla se agarra al suelo y con ella nuestro amigo
palpa la brújula de sus ojos buscando la vereda.
Tienta con los dedos en el aire para dibujar esa peña que brilla.
Quiere atravesar la faja de nubes mientras la montaña lo ve pasar
y medita por qué ese humano no cesa en su empeño.
Sube descalzo aferrándose a la tierra, y trepa el escalador
los últimos compases
por encima de la capa blanca, por debajo de la capa azul.
Enriscados.

19-17-16

He cogido mi mejor lápiz para dibujarte.
Quiero hacerlo bien, quiero reflejar cómo eres.
Sin trazos gruesos, pero con perfiles definidos.
Quiero verte a contraluz, cuando la sombra te acaricia,

y despertarte cuando estés dormida.
Entonces y también entonces
te comería a versos

y cogidos de las manos
repisaremos los charcos
para mojarnos de abajo a arriba.

PREMONICIÓN

Anoche cuando te pensaba di un salto en el tiempo y nos imaginé juntos,
paseando, cogidos de la mano entre besos y achuches, tu sonrisa en la mía.
No sé si fue una elipsis, tal vez fuera prolepsis, o quizá será analepsis,
o, por llevarlo a otro terreno, una instantánea del futuro.
Qué más da.
También pensé que pensaba, que recordaba incluso este instante,
desde el que te escribo estas palabras, donde te digo que te siento,
que tú sabes lo que siento, y que, aunque nada es igual a lo que será,
nada será lo mismo que lo que fue, esa fascinación,
que agarro con fuerza hoy, estoy convencido de que cuando sea ese momento,
al que con un salto temporal llegué, siempre te tendré presente.
Porque el tiempo en la narración de lo que sintamos el uno por el otro
es solo nuestro.

ANTES

Antes de ti. ¿Cómo era antes de que tú llegases?

Llamaste mi atención, y algo ocurrió en mi cerebro.
Llegué nervioso a tu encuentro sin saber muy bien cómo sería,
qué pasaría.

El cielo se movió y bajaste de las montañas veteadas
de dulces metales preciosos de chocolate esponjoso.

El sol surgió de entre las nubes, pero extrañamente
todo se humedeció, como la última brisa de la mañana.
Mis ojos, mis labios, mi cuerpo entero se humedecieron,
el olor que desprendías se impregnó en el susurro de mi piel.

Entonces la luna brincó entre las colinas de azúcar y
entrelazados te besé en los ojos, entre elefantes rosados,
y con la mirada atenta los truenos despertaban nuestra pasión.
El zumbido del oleaje de los campos de tulipanes
rozó las palmas de nuestras manos.

Eres el rocío de mi mente y también
la atracción que detiene la tierra y la luz que la calienta.
Eres la bola de nieve con escenas de baile que se mueve
al compás de un objetivo luminoso.

Eres el sabor zalamero del tiramisú que coquetea con el roce del amanecer de tu sonrisa. Sublime.

Así eran las cosas sin ti.

OMEGA

Cerraría la puerta

Llevaba tiempo pensando en cómo acercarme a ella; tan solo deseaba que mi nerviosismo no acentuara mi torpeza. Lo tenía decidido. Ante su cuerpo desnudo sin joyas comenzaría por los pies, un suave jugueteo con las yemas de los dedos de mis manos en las yemas de los suyos. Me iría aproximando a los tobillos. Firmemente, sin complejos.

Friccionaría con las manos en puño sus gemelos y a continuación se deslizarían hasta llegar a su cintura. Comprimiría la piel de su tibia espalda con mayor intensidad. Amasándola, sin descuidar ninguno de sus lunares. Cuando hubiera establecido la confianza precisa me habría atrevido a pellizcarla en la nuca, y en los lóbulos liberados de sus pendientes de oro, y detrás de las orejas.

Sonrojado pero decidido, le pediría que se diese la vuelta, y volvería a empezar desde abajo para recorrer todo su cuerpo con mis manos. Percibiría el calor acumulado en la impresión de su dermis.

Finalmente, presionaría ligeramente sus pómulos, los cuales descubriría sonrosados como los míos, sus párpados también. Despejaría su frente y con ella su alma si la hubiera, porque con la tanatopraxia nunca se sabe.

Abriría la puerta.

MÁS ALLÁ DE LA INTENCIÓN

En mi decisión de acercarme a ella,
en mi sonrisa cuando releo sus mensajes,
en mi sobresalto cuando me abre la puerta de su casa y la descubro.

Por su ternura cuando me observa de lado,
por su dilatada comisura de alegría que intuyo a distancia,
en lo bien que me siento cuando la veo que ríe
(aunque sea de mí) y es feliz.

Por lo larga que se me hace la espera,
en todas las ganas que tengo y siento que ella también,
por los momentos más sencillos si son compartidos.

Es en todos esos lugares donde debe vivir el alma,
es por todas esas razones por las que merece la pena.

En la decisión de acercarme a ti,
en la sonrisa cuando releo tus mensajes,
en el sobresalto cuando me abres la puerta de tu casa y te descubro.

Por tu ternura cuando me observas de lado, y si me miras
cuando me miras,
por su dilatada comisura de alegría que intuyo a distancia,
en lo bien que me siento cuando veo que te ríes
(aunque sea de mí) y eres feliz.

Por lo larga que se me hace la espera,
en todas las ganas que tengo y siento que tú también,
por los momentos más sencillos si son compartidos.

Es en todos esos lugares donde debe vivir el alma,
es por todas esas razones por las que merece la pena.

TRABAJOS EXTRAORDINARIOS

El diablo yacía tranquilamente en un cementerio de Salzburgo,
cuando un estruendo le ha despertado.

Una especie de desasosiego.
Un rumor esfumado.
Una estúpida difamación escrita del puño y letra de Carlos Dickens.
Una nueva ilusión.

El diablo ha cambiado de número, y
asomándose al púlpito de la pantalla plana,
ha llamado a la puerta de cartón piedra:
«Toc, toc».

Se siente incomprendido y apartado en esta sociedad.
El mal está sobrepoblado.
¿Qué se puede hacer para destacar entre tanto incompetente?
Su amante ocasional está en coma en un hospital colapsado,
tras ser atropellada por un ciervo volador con figura de tractor.
Sus hijos bastardos aporrean un piano sin teclas blancas,
tras ser abducidos por un predicador de momentos.

LA NOCHE ETERNA

El agua no sale del grifo desde hace tiempo, el sol entra por las ventanas semicubiertas por cortinas raídas y el silencio es absoluto.

Las crías humanas no juegan en las calles ni en sus casas. No pueden, porque no existen.

El tráfico de vehículos terrestres, aéreos y por mar desaparecido. Los grandes bloques de edificios agrietados de las ciudades yermas se afanan por asomar entre los árboles y la vegetación voraz, que las atraviesan.

Las grandes avenidas pobladas ahora de ratas, ratones, ciervos, gatos y perros salvajes simplemente apestan, y la oscuridad se adueña de todo al caer el sol.

Así es el mundo hoy.

OTRA RONDA

Si pasa algo solo tienes que apretar el medallón,
le había dicho la voz al otro lado del teléfono, pero
acurrucado en la cama pensó que molestar a las cinco de la mañana
por una simple caries no merecía la pena, más
si cabe aquella noche; la más corta del año,
la del solsticio de verano.
Apretó los dientes, y cerró los ojos para poder abrirlos
en su sueño favorito, donde la veía a ella. Radiante,
con aquellos preciosos ojos dorados
bajo las pestañas bañadas de rímel.

AL OTRO LADO

El montoncito de arena que se está formando a mis pies
me reconforta. El viaje ha sido largo y agotador, pero
lo hemos conseguido. Mañana
nos postraremos ante el santo para que bendiga nuestro
amor contra natura. Nadie
daba un duro por nosotros, mas el tiempo ha demostrado
          lo contrario. Yo
la miraba a diario camino de mi puesto de trabajo
en la Telefónica —labor anodina donde las haya— y ella
impertérrita observaba de soslayo el infinito tras el cristal.
          Cuando
me atreví a rodearla con mis brazos noté
la incomprensión de amigos y familiares.
La alianza caería al suelo.
Si pudiera expresar algo,
un gesto,
una señal,
un rayo,
lo que fuera,
sabría que no estoy cuerdo.

ÍNDICE

Este libro se terminó de editar en Granada
en enero de 2026 por

Aliarediciones

www.aliarediciones.es
info@aliarediciones.es